CONSIDÉRATIONS

SUR

LE DROIT DES DYNASTIES,

ET SPÉCIALEMENT DE CELLE DE LA FRANCE;

AVEC

UNE APPLICATION AUX CIRCONSTANCES PRÉSENTES;

Adressées aux Gouvernemens et aux Peuples.

TRADUIT DE L'ANGLAIS.

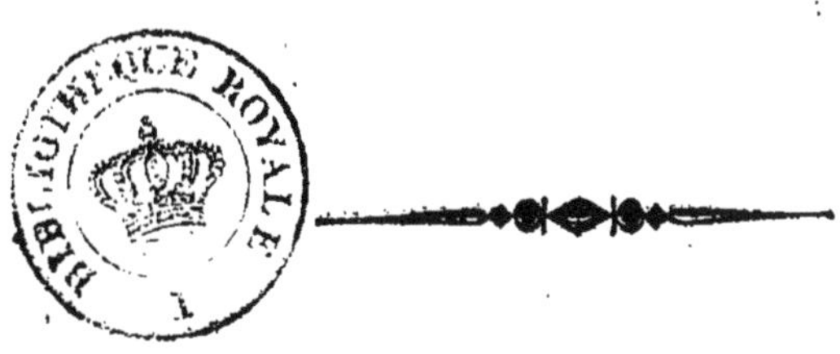

A PARIS,

Chez DENTU, Libraire, Palais-Royal, Galeries de bois.

1819.

CONSIDÉRATIONS

sur

LE DROIT DES DYNASTIES.

EXPOSITION.

Il est un principe qui sert de base à la politique générale de l'Europe, dont il est très-important de montrer toute la force, et dont il est essentiel qu'on fasse en ces momens une application exacte, puisque seul il peut offrir aux gouvernemens le type de toutes les mesures que la situation de l'Europe et celle de la France doivent déterminer : c'est celui qui a rapport à la légitimité ou au droit des dynasties.

C'est l'ignorance sur l'utilité et la validité de ce droit qui a déterminé la révolution de la France, dont celle de l'Europe a failli être la conséquence. L'on ne peut douter, en examinant attentivement la situation des esprits en Europe, et avec quel aveuglement et quel délire on adopte les erreurs les plus graves, que l'ignorance se perpétuant à cet

(4)

égard dans la classe inférieure des peuples , ne
produise des divisions nouvelles et des renversemens qui nuiraient à la sûreté, à la prospérité
et à la gloire de tous les États ; enfin il semble
que, dans ce temps où les ambitions diverses et
les passions des écrivains dénaturent tout, et en-
traînent sans cesse l'opinion loin de la vérité
et hors des bornes que l'union sociale et les lois
ont fixées, il n'est qu'un moyen pour rétablir
l'ordre dans les esprits, et pour forcer l'opinion
de marcher au but de l'intérêt commun, c'est
de montrer, en employant les lumières simples
de la raison, et en s'établissant sur le principe
régulateur de la société monarchique européenne,
qui sert de base à la constitution française, de
montrer, dis-je, ce qui constitue la légitimité,
quelle est l'extension naturelle, de ce droit,
quelle est la limite de l'intervention des gouvernemens en ce qui lui est relatif, et quelles
peuvent être les conséquences de la violation de
ce grand principe pour la France et pour
l'Europe.....

Anglais, cet écrit n'est point étranger à vos
intérêts ; vous y découvrirez la cause des longues
agitations de notre patrie, et vous y trouverez
le remède à tous ses maux. J'en dis de même
aux autres peuples européens. Mes compatriotes,

vous applaudirez à mon zèle lorsque je défen-
drai la cause particulière de la France et de sa
Dynastie; vous avez trop de sens et trop de lumières pour n'avoir pas jugé qu'au milieu de ses
troubles, la nation française est, dans sa généralité,
digne de l'estime de tous les peuples; vous
êtes trop justes pour ne pas être convaincus que
les successeurs de Louis XVI, de ce malheureux
prince, à qui vous rendîtes l'hommage le plus
solennel de vénération, ont des droits sacrés et
imprescriptibles à la domination de la France;
et vous êtes trop magnanimes pour ne pas désirer
que leur gloire, qu'on méconnaît et qu'on cherche
à flétrir, en foulant aux pieds la raison, la
vérité et la justice, ne reprenne tout son éclat
aux yeux des Français et des autres peuples, et
qu'elle soit désormais inattaquable.

PREMIÈRE PARTIE.

CHAPITRE Ier.

De la Charte Européenne.

Il est dans l'esprit de tous ceux qui ont lu l'histoire avec fruit, qui ont une connaissance du droit public et des constitutions des États, que le système de succession héréditaire, et par conséquent que la légitimité ou le droit des Dynasties tient à la nature de la monarchie et lui est inhérent; et l'on sait que ce seul principe a, depuis la naissance des gouvernemens, assuré le calme et la durée des empires. Mais tous les esprits éclairés n'ont pas envisagé (comme la pluralité des écrits de ces derniers temps le prouve) que l'association européenne a ce principe pour base, et que la sûreté de tous les États monarchiques repose sur leur légitimité. Plusieurs gouvernemens semblaient avoir oublié cette vérité lorsqu'ils favorisèrent les entreprises révolutionnaires, ou lorsqu'ils n'ont pas fait tout ce qui était en leur pouvoir pour empêcher que ce système destructeur des intérêts de tous ne s'introduisît en Europe et n'y prît de l'extension : je rappellerai, d'après cela, aux gouvernemens l'époque où l'union politique se forma en Europe; et je montrerai le traité de Westphalie, qui fut la source d'une civilisation nouvelle, et qu'on peut regarder comme le fondement de la grande Charte des nations, consacrant solennellement la légitimité, et établissant le grand principe de l'union, de l'ordre et de l'harmonie, sous les rapports généraux et particuliers, lorsqu'il garantit les monarchies contre l'erreur des sujets et l'ambition des potentats.

Il n'entre pas dans mon sujet de montrer les autres avantages de l'union européenne, ni les grands rapports et les liens divers qui se sont formés entre les peuples, objets qui cependant concourent à les entraîner vers le même intérêt, et vers un système analogue à tous, quant aux principes généraux ; mais je dois remarquer que le seul maintien des Dynasties exige celui du pacte de Westphalie, à l'égard de tous les États indistinctement, puisque l'ordre général en Europe, la paix parmi les nations, et leur sûreté commune en dépendent.

Établissons quelques rapprochemens pour appuyer cette dernière idée.

Ce traité, malgré qu'il ait été souvent violé, et que ses principes n'aient point été appliqués

dans toute leur étendue., ce qui a été la source
des guerres qui ont eu lieu, des agitations qu'on
a vues dans nombre d'États ; ce qui a donné
l'élan à l'esprit révolutionnaire et favorisé l'ambition des usurpateurs et des conquérans ; ce
traité, dis-je, a cependant maintenu un certain
ordre en Europe ; il a maîtrisé long-temps les
ambitieux ; et c'est l'union née du principe qu'il a
déterminé qui sauva l'Europe du joug révolutionnaire il y a vingt ans, et qui, dans les dernières époques, empêcha qu'elle ne passât entièrement sous le joug de Bonaparte.

Le traité de la Sainte-Alliance est un développement de celui de Westphalie, dont il a géné-
ralisé plus spécialement le système, en établissant la légitimité et l'union des peuples sur les
bases de la religion primordiale ou évangélique ;
et il consacre l'indépendance des États, garantit
l'existence des monarchies et assure la possession
des trônes à leurs Dynasties légitimes. Ce traité,
qui sera aux yeux de la postérité l'acte le plus
important et le plus utile aux nations qu'aient
produit les derniers siècles, et qui est devenu
un pacte d'autant plus solennel et plus immuable
qu'il a été l'effet de la volonté spontanée des grands
potentats, et qu'il repose sur les bases de l'équité
naturelle, doit servir de type fondamental aux

Souverains, dans ces circonstances difficiles à l'égard de la France. Qu'ils envisagent les résultats déplorables que pourrait avoir le système représentatif dans ce pays, si la légitimité n'était irrévocablement et invariablement garantie, et si les droits et la gloire de sa Dynastie n'étaient reconnus et respectés par tous; qu'ils voient des partis existant alors dans l'État, comme dans les royaumes électifs, les ambitions particulières sans cesse excitées, et les passions et la vénalité sans cesse agissantes, et ôtant, pour ainsi dire, au corps social et politique son reste de vie.

Ce qui semble devoir être l'écueil des couronnes, relativement à ce traité, c'est la nécessité de régler leurs mesures de manière à ménager l'honneur des peuples, leur susceptibilité, et à offrir aux gouvernemens des garanties, sans nuire à l'indépendance de ces gouvernemens ni à celle des sujets. Qu'on ne s'abuse point sur l'esprit de ce traité : il offre, je dois le dire, une borne à l'ambition particulière des Souverains, et même à toute suprématie qui pourrait affaiblir l'union et nuire à l'ordre commun; les couronnes, d'après ses principes, ne peuvent s'immiscer directement, et en aucun cas, dans les affaires particulières d'un Etat, excepté dans celui où son Gouvernement serait impuissant pour repousser la force révolutionnaire. Ce n'est que lorsque la révolution est complète dans un Etat, et que toutes les lois sociales et politiques sont foulées aux pieds, comme cela arriva en France en 1793, et lorsqu'une nation devient essentiellement conquérante et menace les intérêts et les destins de toutes (comme la France en offrit l'exemple sous Bonaparte), qu'on est autorisé à intervenir par la conquête. Une sagesse extrême et une grande équité de la part des couronnes sont indispensables pour qu'elles puissent remplir l'esprit du nouveau pacte qu'elles ont formé , et pour qu'elles puissent sauver honorablement et la France et l'Europe.

J'ajouterai que si la Charte européenne et le dernier traité qui la garantit étaient sans effet, la dissolution du grand corps politique en serait la suite, et celle des corps politiques isolés serait la deuxième conséquence, parce qu'alors aucun gouvernement ne serait assez fort pour lutter seul contre les factions intérieures, vu la démoralisation et l'insubordination des peuples. Enfin, pour mieux faire sentir combien une abnégation entière d'ambition est commandée aux couronnes, j'observerai qu'une seule, sortant de ce système, amènerait le bouleversement de l'Europe, en détruisant la force des Souverains, qui se trouve dans leur union.

Le développement des principes du grand système européen, tel qu'il existe depuis le traité de la Sainte-Alliance, et qui embrasse tout ce qui a rapport à l'union et à la prospérité sociale et politique, offre la matière d'un grand ouvrage, et l'on ne peut que les indiquer dans cet écrit; l'on ne peut même y traiter de la légitimité d'une manière systématique et absolument régulière, à cause des actions éventuelles qu'il faut désigner, des opinions relatives aux circonstances qu'il faut combattre; et parce que ces circonstances forcent, en outre, de rappeler sans délai l'existence et le but de ce principe aux gouvernemens et aux peuples.

CHAPITRE II.

Des Chartes particulières.

Le droit de succession ou de légitimité est l'une des bases principales de l'organisation des Etats monarchiques ou mixtes, et ce grand droit est consacré d'une manière absolue par les Chartes. Ce qui donne l'étai le plus grand aux Dynasties, dans ces deux sortes de gouvernemens, c'est le principe primitif et principalement fondamental des constitutions, celui qui détermine le système qui sert de type à tous les autres, et qui a pour objet direct et immuable la paix, l'ordre et l'harmonie dans l'Etat. L'avilissement ou l'anéantissement des Dynasties frappant de nullité ce premier principe, le désordre et l'anarchie règnent dans l'Etat lorsque ce cas a lieu, et l'Etat même est menacé dans son existence ; je dois ajouter qu'il n'y a point d'association humaine ni d'Etat dès que ce principe n'agit point pour déterminer leur action et pour la régler. On ne peut donc déranger l'ordre établi par ce principe, qui doit être intact et permanent, et porter une atteinte quelconque à une Dynastie sans renverser le Gouvernement, sans ôter à l'édifice représentatif sa première base et son premier soutien : une autre raison, celle qui a rapport à l'union des parties du Gouvernement, qui doivent agir toutes invariablement pour lui offrir un appui mutuel, prouve à son tour que cette règle fondamentale est indispensable pour le maintien du corps politique.

Ce principe et ses conséquences étant reconnus, il est évidemment incontestable que toute Constitution garantit d'une manière indéfinie la Dynastie à laquelle tient sa propre existence, et que dès-lors tout ce qui tend à détruire ou à avilir cette Dynastie est directement attentatoire au grand intérêt de l'Etat. La Dynastie de la France a donc une toute-puissance que rien ne pourra détruire tant que la Charte existera, et le vrai citoyen, qui lie indissolublement son intérêt et sa volonté à ceux de l'Etat, sera intéressé à la maintenir. Enfin, ou la Constitution sera inactive et nulle, et la France vivra dans une anarchie complète, et aucune autre loi ne pourra être légitimement exécutée, ou la Dynastie conservera ses droits et sera inébranlable.

C'est ici le cas de faire entrevoir combien la situation de cet Etat est plus avantageuse, relativement aux droits des chefs de son Gouvernement, que celle de l'Angleterre. C'est le moment de dévoiler les grandes vérités, et de faire entrevoir pourquoi le système représentatif n'a eu que des effets bornés dans ma patrie et n'a point assuré son calme parfait. La France trouvera dans ces explications de grands motifs d'espérance, en voyant ce que peut le principe de la légitimité ; et l'Europe entreverra quels obstacles naissent pour les familles qui ne sont pas élevées par droit de succession ; combien un tel Gouvernement est long-temps privé de la force nécessaire pour assurer l'ordre et la tranquillité dans l'Etat ; situation qui détermine quelquefois sa perte avant même que le Gouvernement ait pu employer les moyens propres à la faire changer. L'élévation de la maison de Hanovre au trône d'Angleterre, par une élection nouvelle, a offert cet exemple. Le type principal de la grande Charte se trouva détruit par cet événement; et l'on peut dire qu'il anéantit notre Constitution, puisqu'il dérangea le grand ordre politique de l'Etat, puisqu'il ôta à l'administration ses appuis naturels et la force qu'elle devait trouver dans les grands principes constitutifs, qui furent altérés, et devinrent inutiles, comme dans les élections précédentes, dès que le Gouvernement se vit forcé de transiger avec le peuple, et dès que l'obtention du droit d'élection fut compensée par des concessions populaires, au détriment de la grande loi d'Etat qui avait établi l'équilibre entre les droits du peuple et ceux du Gouvernement.

Ce dérangement ou suspension dans l'ordre constitutionnel, ces ménagemens que les circonstances imposaient à la famille régnante, n'auraient pas eu lieu, puisque ces concessions n'auraient pas été faites si le droit de succession eût été suivi. Enfin des réglemens ou lois particulières fondés sur ces concessions, et qui étaient par là même en opposition avec la Charte, l'ayant remplacée fondamentalement, il n'a dû exister dès-lors aucune puissance réellement constitutive ; et dès qu'on n'a pu invoquer la Charte d'une manière positive et absolue, tout a dû être incertain, précaire, éventuel, incohérent même, et souvent l'arbitraire a dû se montrer, tant du côté du peuple que du Gouvernement (1).

Voilà ce qui a nui à l'entier affermissement de

Note du Traducteur.

(1) Cette situation de l'Angleterre fut une nécessité fatale à laquelle s'est vue réduite la Maison régnante, et quoi qu'ait fait cette Maison, elle n'a pu rétablir cet équilibre que la Constitution, en consacrant l'hérédité, peut seule donner à l'État ; et l'on peut dire que si ce Gouvernement ne rétablit la Charte dans sa plénitude (il le peut à présent que la Dynastie est affermie par l'extinction de la branche des Stuarts et que le droit de succession est en activité), le peuple lui demandant chaque jour des concessions nouvelles, il verra de nouvelles résistances se former sans cesse contre lui, et ce Gouvernement ne pourra combler le gouffre révolutionnaire qui s'ouvre sous l'Angleterre. C'est une situation extraordinaire et très-difficile ; le Gouvernement n'en a pas prévu les conséquences : il faut donc une sagesse, une vigueur et une constance inébranlables dans ce Gouvernement, pour ramener l'esprit et les sentimens du peuple au point où ses libertés diverses seront garanties et affermies par des lois immuables, sans que l'indépendance et les droits de sa Dynastie, maintenant héréditaire, puissent recevoir aucune atteinte.

la puissance et de la prospérité de ma patrie ;
voilà ce qui a empêché que le système représentatif n'eût l'influence qui lui semblait naturelle
chez un peuple dont le caractère , les mœurs , les
habitudes se rapprochent constamment des intérêts politiques , et que sa position insulaire semblait lui rendre plus propre que toute autre (1).

Ce que je viens d'exposer prouve que la France
est dans un cas tout-à-fait opposé à celui de l'Angleterre , puisque cette première possède son an-
cienne Dynastie , et puisque sa Charte , qui a été

---

(1) Je dois ajouter une idée importante de principe ,
qui prouve à son tour que cette forme de Gouvernement
était convenable à ma patrie ; c'est qu'un esprit public
étant indispensable pour soutenir ce système , puisqu'il
doit suppléer aux vertus nécessaires à ce Gouvernement
comme aux républiques , quoiqu'en moindre proportion ,
l'esprit national des Anglais , qui avait tourné vers l'État
les volontés générales du peuple , aurait pu prendre le
caractère de l'esprit public. Cet avantage existant, il aurait
affermi la Constitution représentative , et le Gouvernement de l'Angleterre aurait eu alors une force invincible.

Note du Traducteur.

L'auteur aurait dû , en faisant l'application des principes qu'il a exposés au sujet de l'esprit public, faire la
distinction de l'esprit national d'un peuple , qui n'a rapport qu'à l'étranger , avec l'esprit public , qui embrasse
tout dans un État , et indiquer ses rapports directs avec

ûnanimement adoptée , ne sera sujette à aucune altération dès qu'elle sera en activité. On verra, en s'arrêtant sur ces motifs , et en comparant ces situations diverses et leurs causes , qu'on est tombé dans l'erreur la plus grave , si l'on a cru devoir employer, pour soutenir le gouvernement français , les mêmes moyens qu'a mis en œuvre jusqu'à ce jour la maison d'Hanovre.

Je vais faire ici une application générale propre à toute Charte, en envisageant plus particulièrement dans ses développemens le système

---

le principe fondamental des Chartes. Cette matière exige des développemens étendus ; je ne puis les insérer ici ; j'observerai seulement, en faisant à mon tour l'application à l'Angleterre, que l'inexécution de la Charte occasionnée par le manque du droit de succession au trône, a été cause que cet esprit public n'a point existé , puisque tenant au repos et au bonheur général et individuel des peuples , et son but étant de réprimer les ambitions diverses , de combattre l'oppression, soit de la part du Gouvernement, soit de celle des citoyens , cet esprit public ne peut agir lorsque, dans l'inexécution ou la violation de la Charte, le principe fondamental des constitutions est méconnu. Ajoutons que ce principe est uniquement son agent et son proclamateur : lorsqu'il régit et dirige l'esprit public, la constitution est dans toute sa force; et dès lors les factions, les troubles, les divisions ne peuvent avoir lieu dans un État.

2

monarchique représentatif, et qui convient à celle de la France, malgré les imperfections qu'on peut supposer exister dans cet acte, quand on considère que l'ouvrage des hommes n'est jamais parfait, et que ce n'est que le temps et l'expérience qui confirment son utilité réelle. Je dirai donc que lorsque la Charte d'un peuple est exécutée, et lorsque le principe moral et essentiellement constitutif, qui consacre la nécessité de l'union, de l'ordre et de l'harmonie, est reconnu son régulateur, elle devient le type unique et invariable de toutes les lois, de toutes les ordonnances et de tous les réglemens relatifs à leur exécution, criminelle, civile et militaire. L'Etat voit alors sa liberté assurée ; le trône est affermi, et la Dynastie est respectée ; alors il n'existe en son sein qu'un parti, celui de la royauté constitutionnelle. Alors le principe constitutif qui asservit l'intérêt du citoyen à celui de l'Etat devient une loi principale et agissante, applicable à tous les gouvernemens, qui règle fondamentalement l'indépendance et l'ordre des élections, qui maîtrise la liberté de la presse lorsqu'elle s'écarte du but de ce principe, et déclare et punit comme séditieux les ministres, les corps constitués et tous les citoyens qui chercheraient à déranger l'ordre établi, et les met hors de la loi protectrice de l'Etat. Tel est le développement utile et rigoureux de l'exécution de toute Charte lorsqu'elle est appuyée de son principe naturel.

J'ajouterai, en montrant toute l'extension de la puissance d'une Charte étayée de son véritable principe, qui ne peut dans aucun cas être altéré, que les grands corps représentatifs de l'Etat devenant directement responsables de l'exécution des lois (leur responsabilité, d'après ce principe, est plus forte que celle du ministère), ils perdraient positivement leurs droits s'ils n'embrassaient l'application des lois fondamentales dans cette latitude.

On voit, d'après cet examen de principe, que la France est dans une situation tout-à-fait différente de celle où on la suppose. Peut-être pourrait-on avancer qu'elle est plus près du calme et de la prospérité qu'aucune autre nation européenne, et que sa Dynastie peut être la plus respectée et la mieux affermie. Il ne faut à son Gouvernement qu'une volonté ferme et équitable pour lui donner cet immense avantage, et tout le porte et l'entraîne à l'employer. Cette volonté se réduit enfin à exiger l'entière et exclusive exécution de la Charte. Cet acte, à l'appui des principes fondamentaux qui lui servent de base, peut, quoique ses réglemens organiques ne soient point terminés, et quoiqu'ils n'aient point la sanction du temps dans leurs objets principaux, cet acte, dis-je, peut assurer les destinées de la France, en donnant aux lois toute leur force et tout leur empire, et puisque les ministres et les magistrats divers sont forcés dès-lors à mettre en harmonie leurs arrêtés et leurs jugemens avec les règles constitutives consacrées.

Si ces considérations, que j'ai dû rendre générales et étayer du grand principe de la Charte, pour rendre plus sensible et plus distinct le droit des Dynasties, eussent été envisagées avec soin, elles auraient fait tomber le voile des yeux de tous ceux qui ont cru la France sans force constitutionnelle ; l'on ne se persuaderait point que ce Gouvernement est sur le penchant de sa ruine ; l'on ne douterait point, comme l'ont fait nombre d'hommes en France, et quelques imitateurs insensés qu'ils ont dans l'étranger, si cette Dynastie a des droits, et l'on n'aurait point osé porter, je dirai la profanation envers la vérité, la morale et la justice, jusqu'à attaquer le caractère et les sentimens des héritiers du trône français, crime odieux en politique dans tous les temps, à l'égard des princes destinés au rang suprême, et qui s'exerce encore plus sur le peuple qu'envers ces princes, puisqu'il tend à détruire leur confiance mutuelle, à étouffer dans le cœur du Monarque l'amour pour ses sujets, et puisqu'en rendant ceux-ci indociles dans leur volonté, et les mettant dans le cas d'oublier leurs intérêts divers pour céder à leurs préventions, il les expose à nuire à leur liberté en justifiant les mesures sévères et souvent extrêmes de leur Gouvernement, et en dérangeant ainsi le principe du pacte qui forme leur principale garantie.

Je le répète, un mot de Louis XVIII, qui retentira dans toute l'Europe et qui y neutralisera tous les factieux révolutionnaires ; *Que la Charte soit exécutée dans toute sa plénitude, en se réglant sur le grand principe de l'association humaine ;* ce mot relève l'édifice politique et même moral de la France (1).

En exposant les droits de la Dynastie des Bourbons, et en parlant des attaques aussi audacieuses qu'indécentes pour les peuples et pour

---

(1) Dans l'exécution de la Charte, envisagée dans son véritable esprit, se trouve l'établissement de toutes les institutions utiles aux mœurs, et celui d'un esprit public, régulateur des passions du peuple et du Gouvernement, et réprobateur de tous les vices. J'ajouterai ici que la fausse manière avec laquelle toutes les vérités de principe sont envisagées dans ces dernières époques, force l'écrivain à entrer dans des détails et des explications qui

les potentats en général qu'on vient de lui livrer ;
j'ai pris en quelque sorte l'engagement d'examiner la conduite et la politique de cette famille.
Dirigé par l'équité naturelle , j'ai improuvé ces
attentats d'opinion ; mais desirant être utile , je
dois me sauver du soupçon de prévention et
d'aveuglement, et exposer tous les motifs et tous
les faits qui peuvent donner à mon opinion le
sceau de la raison. Je vais donc chercher à montrer sous le véritable aspect politique les princes
français, et examiner si, sous le rapport de
l'intérêt de la France et de l'Europe , leur conduite est sagement analogue à leur situation.
Mais je crois avant tout devoir chercher à dé-
couvrir les causes qui ont empêché l'exécution
de la Charte, depuis quatre ans qu'elle fut don-
née au peuple français, et qui ont par là même
empêché l'ordre de s'établir dans cet Etat. Enfin
il me semble que la sûreté de ce pays, la gloire de

---

paraîtront oiseuses aux hommes éclairés qui les ont en-
trevues dans le type des grands principes constitutifs. Il
convient donc de dire aux Européens et aux Français qui
n'ont pas ces facultés d'analyse, que la Charte reposant
fondamentalement sur la monarchie, les institutions essentiellement monarchiques doivent l'appuyer, et qu'elle
ne peut être interprétée que dans l'intérêt du trône uni
à celui du peuple.

sa Dynastie et les intérêts moraux et politiques des couronnes exigent que la politique naturelle du gouvernement de la France, en 1814, soit bien connue, ainsi que les conséquences de celle qu'on a suivie depuis les cent jours.

DEUXIÈME PARTIE.

CHAPITRE Ier.

Pour juger sainement la politique du gouvernement français pendant l'intervalle des deux restaurations, qu'on examine attentivement la situation étonnante et critique où se trouvait la France, à l'égard de l'étranger et de son peuple, situation qui semblait exiger des mesures diamétralement opposées. On découvrira ainsi les causes de la conduite incertaine et irrégulière de l'administration dans cette période, et la grandeur des obstacles justifiera cette conduite dans ces conjonctures.

L'opinion incertaine qu'avait montrée l'Europe sur les véritables desseins de Louis XVIII, même lorsqu'il eut donné sa Charte, l'obstination avec laquelle nombre de Français nourrissaient l'idée que le système absolu succéderait à la constitution représentative, l'extrême danger qu'il y avait de tenter avec trop de promptitude et de sévérité l'anéantissement de l'esprit révolutionnaire, à cause des agitations et des incertitudes qui existaient dans l'esprit des Français, et surtout l'impossibilité morale d'écarter des emplois les ennemis

de la Monarchie, qui, pour le malheur de la
France, furent conservés par les couronnes après
la conquête, lorsque ces premiers paraissaient
abjurer leurs erreurs, et s'attacher à la Monarchie légitime; tous ces motifs portaient naturel-
lement le Roi à adopter le système de modération
absolue, et à essayer le moyen des bienfaits envers
le parti opposé au trône, pour lui faire renoncer à cet esprit de désordre et à ces projets de
renversemens, contre lesquels se soulevait l'Europe, et pour le ramener sans violence vers le
pouvoir légitime. Le Roi dut croire pouvoir
trouver dans tous les Français la générosité qui
fut toujours familière à la nation; il dut penser
que l'honneur n'était point détruit en eux, et
que ceux même qui s'étaient montrés rebelles te-
naient au salut de la patrie. Il était encore naturel que le Monarque crût que les deux épou-
vantables désastres, qui avaient prouvé que les
gouvernemens européens pouvaient se confé-
dérer contre une nation, en oubliant leurs dé-
bats particuliers, auraient rendu le parti ennemi du trône plus réservé, plus prudent,
et lui auraient même fait renoncer à ses ancien-
nes prétentions; enfin ce système pouvait paraître,
en 1814, le seul propre à préparer le triomphe de
la Monarchie, et être la mesure préliminaire de

l'exécution de la Charte. Mais après l'épreuve fatale des cent jours, lorsque le parti de la révolution et celui de Bonaparte se furent dévoilés, lorsqu'on n'avait trouvé de leur part que trahisons et perfidies, quand enfin l'impossibilité de les ramener jamais à l'ordre, et de les rattacher à la Monarchie légitime, venait d'être démontrée par des actions dont rien ne pouvait affaiblir le résultat, un système différent devenait indispensable pour assurer l'intérêt de la France, et pour satisfaire au vœu de l'Europe, qui, effrayée par cet évènement, annonça positivement qu'on ne pourrait la calmer et la désarmer qu'en éteignant sans délai l'esprit révolutionnaire.

Dès les premiers jours de la deuxième restauration, le ministère devait tendre, par son système, à comprimer sans cesse le parti de la révolution, à affaiblir sa force, et à le ramener par l'impuissance vers la Monarchie et le pouvoir légitime. Les discours du Roi, où sa volonté et ses vues sont clairement manifestées, et où l'on trouve la ferme résolution de maintenir la Charte; ces discours, qui avaient rassuré l'Europe (1), et

____

(1) Le calme dans lequel sont restés les gouvernemens de l'Europe depuis l'évacuation de notre territoire, et cette évacuation même, sont des preuves de la confiance

qui ont maintenu l'espoir et le courage des vrais royalistes , auraient dû servir de règle invariable au ministère. S'il eût respecté le vœu du Roi, si positivement énoncé, et s'il eût entrevu le seul système utile et nécessaire, il aurait rappelé sans cesse ce vœu à tous les partis ; et il n'aurait pas laissé croire aux révolutionnaires que ce Prince pourrait favoriser leur système au détriment de celui de la Monarchie. Par la manifestation continuelle des vrais sentimens du Monarque, et par l'explication des principes fondamentaux de la Charte, il aurait maîtrisé l'opinion de ce parti, et aurait empêché qu'il ne sortît de la ligne de la modération, et que son ambition ne prît de nouveau son essor : enfin, le ministère aurait adopté, non-seulement la mesure proposée à la chambre des Pairs sur les élections , mais toutes celles que lui offrait l'exécution de la Charte. C'est en elle, comme nous l'avons prouvé ailleurs, qu'il aurait trouvé l'appui de son système , la source de toutes les mesures

---

qu'ils ont dans l'invariabilité des sentimens du Roi ; et cette inertie des couronnes , qui sont si puissamment intéressées à éviter tout nouveau choc en France, indique positivement au politique, que les cabinets sont convaincus que le Monarque français, en désavouant son ministère , l'arrêtera enfin dans sa marche audacieuse et funeste.

utiles , et la force propre à faire respecter ses arrêtés , alors consacrés et avoués par les lois. C'est ainsi qu'il se serait sauvé de cette effroyable responsabilité politique et morale qui pèse sur lui. Enfin , il n'aurait point trompé le Roi sur les intentions et les sentimens des révolutionnaires , qu'il a montrés pacifiques et dévoués à la Charte (1) , et il n'aurait pas présenté à ce Prince

---

(1) L'analyse exacte des opinions des journaux ministériels prouve que les ministres ont présenté au Roi le parti de la révolution et celui de Bonaparte , comme ayant renoncé à toutes leurs prétentions , comme les vrais partisans de la Charte ; et leurs membres comme les seuls attachés à la personne du Monarque ; et que ces assertions ont eu lieu jusqu'à ces dernières élections exclusivement. Ces mêmes opinions indiquent qu'ils ont montré les royalistes , en général , comme ennemis du nouveau système , cherchant à étouffer en leur cœur tout amour pour le Roi , et méconnaissant par-là même sa bienfaisance ; et ces assertions ont dû affaiblir nécessairement la prévention naturelle et favorable que devait faire naître la longanimité de ceux-ci à souffrir l'outrage , et le silence qu'ils ont gardé à cet égard , motifs qui ne pouvaient avoir pour cause que leur obéissance aux lois nouvelles et leur respect pour le Monarque. La conduite des ministres , qui ont toujours cherché à appliquer perfidement les opinions de quelques individus isolés à la généralité des royalistes , prouve encore qu'ils ont tout fait auprès du Monarque pour établir cette présomption outrageante

les royalistes comme ennemis de son système, allégation calomnieuse et fatale, qui détermina le coup d'État envers la Chambre de 1815, et qui indiqua ainsi à l'Europe que les désastres et les révolutions n'avaient point cessé en France, puisque le parti de la Monarchie fut voué ainsi à une espèce de proscription, et que la volonté réelle du Roi devint problématique aux yeux de ceux qui n'étaient point éclairés, et qui n'avaient point su distinguer, dans ses déclarations, depuis vingt-cinq ans, ses résolutions invariables.

---

pour les royalistes, qu'on suppose être ainsi les instrumens de l'ambition de quelques hommes et l'écho de leurs erreurs. Je ne m'établirai point, pour prouver la nécessité de ces assertions, sur les preuves qu'offrent les discours de ceux de ce parti véritablement national sur tous les points de la France; j'exposerai une raison qui me semble plus positive, et qui repose sur une observation et sur une conséquence politique et morale : c'est qu'il a pu se faire, et qu'il s'est fait évidemment un changement, même parmi le très-petit nombre de royalistes qui, il y a quatre ans, ne se soumettaient à la Charte que par obéissance; transformation qui a été l'effet de la réflexion, de l'amour de la patrie et même de l'intérêt particulier. Voilà ce qu'on a célé au Roi : les ministres n'auraient-ils eu que ce tort, qu'ils pourraient être accusés d'avoir troublé la tranquillité de l'État, et d'avoir attenté ainsi à sa sûreté et aux droits et à la gloire du Monarque.

Il n'est pas permis à l'écrivain de pénétrer dans la conscience des hommes, et la règle en politique est de juger les ministres par leurs actions publiques. Je me tiendrai donc dans ces limites : mais je m'arrêterai, ce qui devient indispensable, sur toutes les considérations qui ont rapport au système de ceux de la France, à cause de la situation de ce royaume dont le calme intéresse tous les peuples européens, et je montrerai que ces actions et ce système ont compromis la cause royale dans cet Etat, pour son propre intérêt et pour celui de l'Europe.

Je n'accuserai donc point ces ministres d'avoir voulu perdre volontairement leur patrie, et le prince qui leur a confié son pouvoir ; mais j'accuserai en eux cette absurde prétention de la généralité des hommes d'Etat de ces derniers temps, qui croient par un jeu puéril de balancement dans les partis, et par des mesures constamment éventuelles, suppléer aux grandes vues politiques, à cette marche ferme, assurée et fixe, que tient le véritable homme d'Etat, qui l'écarte de toutes les petites mesures, et lui fait chercher ses moyens dans les grands principes conservateurs de l'ordre social et politique, et à cette appréciation morale qui lui montre le mobile régulateur de ses opinions, relatives aux partis et aux hommes individuellement, dans l'examen approfondi de leur caractère et de leurs passions.

Comment le ministère n'a-t-il pas entrevu que les révolutionnaires avaient toujours en vue l'anéantissement des monarchies, l'établissement de la démocratie absolue, et par conséquent la destruction de tout appui social et politique ?

Où sont donc ses lumières et ses talens, s'il n'a pas découvert, par l'exemple frappant que lui ont offert les gouvernemens divers de la révolution, que ce parti n'était susceptible de transiger avec qui que ce fût ? Ces ministres ont dû savoir que Bonaparte avait cette conviction, qu'il le redouta sans cesse, et que lors même qu'il eut forcé nombre de ses membres à s'abaisser devant sa puissance, en présentant à leur ambition et à leur orgueil l'amorce des dignités et de la fortune, il ne se crut pas entièrement assuré d'eux ? Comment ces ministres ont-ils pu oublier, ce que l'expérience a rendu sans cesse présent à l'esprit de l'Europe entière, que ce parti, pour peu qu'il ait une lueur d'espoir pour le succès, sort tout-à-coup des bornes ; qu'il méconnaît les lois établies et l'obéissance due aux gouvernemens ; et qu'enfin il agit toujours, dans les momens de crise, comme s'il avait la certitude de la victoire ? En jetant en ces derniers momens tous les voiles qui le couvraient, il a signalé ouvertement l'audace que je lui attribue, et en attaquant ce même ministère, qui lui a rendu sa force en le favorisant, il a prouvé à ce ministère la nullité de ses moyens pour administrer, et il a fait voir en même temps aux gouvernemens tout le danger d'employer des hommes inhabiles, et qui peuvent tomber dans tous les piéges, entraînés par l'orgueil, l'avarice et l'ambition.

Enfin l'effet naturel du système des ministres a été produit; le parti révolutionnaire a proclamé sa haine inflexible pour la royauté. Il ne reste plus de doute ni d'incertitude sur les sentimens et les desseins des ennemis du trône, non plus que sur l'impuissance du ministère et sur les malheurs qu'il a préparés pour la France et pour l'Europe. Le moment est arrivé où les ménagemens ne sont plus commandés au Monarque, et où les grands moyens de répression qu'il pourra adopter seront applaudis et justifiés non-seulement par tous les Français raisonnables, mais encore par tous les Européens amis de l'ordre, et indistinctement par tous les gouvernemens. Enfin la Charte donne à Louis XVIII, comme nous l'avons indiqué ailleurs, les moyens d'employer ces mesures légalement (avantage immense), d'où naîtra l'entière extinction de l'esprit révolutionnaire, et qui peut faire recueillir les fruits les plus beaux de la politique dans les époques les plus rapprochées. Ce moment offre d'ailleurs, avec une espèce de précision mathématique, le terme où la politique du Gouvernement doit prendre une direction nouvelle, et où tout doit se subordonner exclusivement à la Charte, qu'on ne peut plus, dans ses rapports matériels et dans ses principes moraux constitutifs, rendre inactive et impuissante. J'ajouterai une observation qui est une conséquence nécessaire de cette position politique, c'est que plus l'audace du parti ennemi du trône aura été grande, plus le Gouvernement aura acquis de force, et plus il peut contribuer à son affermissement et à celui de sa Dynastie.

CHAPITRE II.

J'ai dit que je montrerais si les princes français avaient marché dans le véritable sens de la politique nécessaire au Gouvernement et à l'Etat, et que je ferais une application de leurs actions politiques à ce système.

Pour fixer à cet égard l'opinion d'une manière positive, et pour qu'on puisse faire la juste application de la conduite politique des princes à celle que l'intérêt de l'Etat commande, il est né-

cessaire d'indiquer les devoirs auxquels sont as-
servis les héritiers des trônes.

Ces devoirs sont de respecter les lois, et de se
montrer obéissans aux volontés du monarque, en
ne mettant aucun obstacle à l'action du Gouvernement.

Voilà les règles politiques des membres des
Dynasties. Examinons si les princes français s'en
sont écartés.

Il est reconnu que, depuis 1814, époque de la
restauration de la Dynastie, les princes ont été les
sujets les plus obéissans du monarque. On les a vus
seconder le Gouvernement dans les circonstances
graves, et jamais aucune déclaration contraire
aux volontés royales n'est émanée d'eux. Dirigés
par une politique sage, modifiant leurs devoirs
aux circonstances, ils se sont réduits à l'inactivité
et à un isolement absolu quant aux affaires du
Gouvernement. L'héritier du trône a été manifes-
tement le premier sujet de l'Etat; il a donné
l'exemple de l'obéissance, et a toujours laissé au
Roi le droit de prononcer.

Il fallait aux ennemis de la monarchie une allégation très-puissante pour agir ouvertement
contre les princes, dans lesquels ils voient l'obstacle
le plus grand à leurs desseins, et pour entraîner
le peuple par la crainte du rétablissement de l'an-

cien Gouvernement. Ce moyen ne pouvait se trouver que dans la preuve de la non adhésion de la
famille royale à la Charte ; et cette allégation
audacieuse a été produite, quand toutes les circonstances avaient prouvé, par la manifestation
des discours des princes, que leur intention était
de conserver ce bienfait de Louis XVIII. Aucun
indice n'a signalé une pensée différente ; ils ont
juré de la maintenir; et quelle que soit la démoralisation du siècle, peut-on croire que ce serment
puisse être violé par des personnages aussi religieux?

Allons plus loin ; envisageons le grand intérêt
politique. Ce serment ne fut pas fait seulement à
la nation, mais à tous les Gouvernemens de l'Europe qui sont intéressés à ce qu'il ne soit point violé,
puisque de là dépend le calme de la France, et
que ce calme, nous le répétons encore, tient directement au sien. Quand même l'Europe, qui
a garanti cette Charte, n'aurait pas le droit de
réclamer à cet égard, peut-on présumer sans
démence, que les princes voudraient perdre l'estime des Gouvernemens et des peuples par cette
violation, ainsi que celle des Français, et qu'ils
seraient assez privés de la raison et assez ennemis
de leurs intérêts pour désorganiser l'Etat, en y in-
troduisant un système nouveau qui aurait ce
funeste résultat ?

Comment a-t-on pu supposer encore que les princes ne veulent point la Charte, tandis qu'elle conserve leurs droits à la Dynastie, et garantit leurs intérêts les plus chers ? Il est évident que la Charte étant détruite, le pacte serait rompu à leur égard, et leurs droits n'auraient plus que l'appui d'une légitimité reconnue, mais non garantie.

Les princes veulent évidemment la Charte, ainsi que tous les vrais royalistes. N'est-ce pas ici l'occasion d'admirer la conduite de ceux-ci, qui ont imité l'isolement et l'impassibilité des princes par respect pour leur sage politique, malgré les attaques vives qui leur ont été livrées par les révolutionnaires, conduite qui les a montrés les sujets les plus fidèles du Roi, et qui a procuré à la France le plus grand avantage, celui d'éviter la guerre civile, qui aurait eu assurément lieu (1) s'ils eussent agi différemment.

L'effet naturel des attaques livrées aux princes est de détruire l'harmonie dans l'intérieur, d'af-

---

(1) La guerre de la Vendée a prouvé ce que pourrait faire ce parti s'il ne regardait point l'obéissance comme le premier des devoirs : qu'on ne juge donc point de sa force par l'inertie et l'espèce de nullité à laquelle il se réduit.

faiblir ou anéantir toutes les espérances de la Nation sur l'avenir, et d'aliéner l'Europe du Roi et de la Dynastie. Ceux qui les livrent si imprudemment n'entrevoient donc pas qu'ils exposent ainsi la France à perdre son indépendance et à être démembrée? Ignorent-ils, ces hommes qui se montrent les ennemis déclarés de leur patrie, tout en proclamant que son salut est leur objet, ignorent-ils une vérité qui repose sur des considérations politiques et morales : c'est qu'il faut toujours redouter l'ambition de ses voisins, qu'il ne faut point leur montrer une conquête facile, et leur offrir, pour justifier leurs agressions, les moyens de l'équité, qui peuvent s'établir sur la nécessité du maintien de l'ordre général ou sur des motifs particuliers relatifs aux membres de la Dynastie?

Cette situation aurait entraîné certainement les mesures les plus funestes si les souverains actuels eussent été moins sages, moins clairvoyans sur la politique de la famille royale, et s'ils n'eussent pas été convaincus que le maintien de tous les trônes tient d'une manière absolue au principe de la légitimité.

Les attaques contre la famille royale sont calomnieuses, attentatoires à la dignité du trône et à l'honneur du Monarque, qui ne peut être séparé, ni moralement ni politiquement, de celui de sa famille ; et elles sont formellement réprouvées par les lois fondamentales et civiles. Quelle peut donc être la cause du silence des tribunaux à cet égard ? C'est ici où la politique, la morale et la justice civile devaient se réunir pour donner un grand exemple. Si la cause du simple citoyen calomnié est appelée d'office devant les tribunaux, des mesures spontanées n'auraient-elles pas dû appeler la vengeance des lois contre ces régicides moraux ? Doit-on abuser de la magnanimité de la famille royale pour la laisser couvrir d'injures et d'outrages ? D'où peut provenir cette absence de toute justice et cet abandon de devoirs de la part des magistrats ? N'est-ce pas indiquer qu'ils sont sous le joug d'une dictature quelconque ? Serait-ce le ministère qui l'exerce ? Ce silence et cette inertie offriront à la postérité, comme ils l'offrent à l'Europe en ces momens, une énigme inexplicable, qui la fera gémir sur le sort d'un pays qui se dit civilisé, et qui se pare du triomphe de ses lois.

Je crois avoir mis sous les yeux de ma nation et de l'Europe entière des raisons positives sur la nécessité du maintien de la légitimité, des développemens propres à faire juger sainement de la situation de la France ; et j'ai fait entrevoir que la conduite actuelle des princes français donnait des garanties à tous les peuples dans l'avenir. Il me reste maintenant à montrer aux gouvernemens , qu'en signalant ouvertement leur intention d'anéantir l'esprit révolutionnaire (comme ils viennent de le faire dans les conférences de Carlsbad), en calmant ainsi l'agitation des Etats, et maîtrisant l'ambition particulière , ils ont fait un grand pas vers le rétablissement de l'ordre en Europe, situation heureuse qui annonce la formation d'un système général fondé sur les grands principes moraux et politiques ! Les souverains doivent envisager que la création d'un tel système peut seule anéantir les rivalités parmi les nations, garantir leurs destins communs, et établir , par l'union des peuples et des gouvernemens, le corps politique européen et les corps politiques divers sur des bases inébranlables.

CONSIDÉRATIONS

DU TRADUCTEUR,

Concernant le Principe constitutif des Chartes.

L'OBSTINATION qu'on met de tous côtés à méconnaître les grands principes sociaux, et par là même les règles fondamentales des Chartes, et à écarter ainsi le moyen qui amènerait en un instant l'ordre et le calme en Europe, et réunirait au même but les esprits bien intentionnés ; enfin le danger, toujours croissant du côté des peuples qu'on exaspère, et qu'on fait sortir de la ligne de leurs devoirs, en leur cachant ce qui peut leur prouver que leurs constitutions contiennent les sources de leur bonheur et de leur prospérité ; ces motifs puissans me forcent à approfondir et à développer, autant que l'étendue d'une note peut le permettre, ce que l'auteur anglais a indiqué relativement au grand principe régulateur des Etats.

La sûreté, la prospérité et le maintien de l'État étant le but de tout gouvernement, l'ordre, l'union, l'harmonie parmi les citoyens, et le concours de tous pour le même objet, constituent le principe moral et politique d'où seul peuvent émaner la sûreté et le bonheur. Tout doit donc, dans l'organisation d'un gouvernement, se coordonner à ce grand et immuable principe, dans quelque forme de gouvernement que ce soit; et cette grande loi, qui fait la base de la société, a son type dans les lois naturelles, qui sont la raison et l'équité. Ce principe est le fondement et la règle de toutes les institutions politiques et civiles; et c'est son exacte application par les magistrats à ces lois diverses qui fait la sagesse et la sublimité de la législation chez tous les peuples.

C'est pour assurer l'exécution de ce principe, qui embrasse tout et s'applique à tout dans l'administration d'un État, qu'on a adopté, dans l'organisation des gouvernemens, des moyens qui opposent l'obstacle aux passions des hommes, et qui contiennent le pouvoir dans les justes limites que détermine invariablement ce principe.

Dans la Monarchie simple, qu'on a nommée improprement *absolue*, c'est par les droits cédés à la noblesse, au clergé et à la magistrature, qu'on a cherché à borner et à arrêter le pouvoir du prince, à empêcher que l'État ne fût trou-

blé, et enfin que les passions du souverain et des
ministres ne nuisissent à la liberté des peuples.
Dans les Monarchies mixtes ou représentatives,
c'est pour faciliter cet ordre et la sage exécution
de la grande loi morale, qu'on a fondé des pouvoirs qui participent également à la législation,
et tiennent dans leurs mains, avec le Monarque,
la puissance de l'État.

Les règles des Chartes, qu'on a nommées fondamentales ou constitutives, ne sont donc au
fond que des lois secondaires qui tiennent indissolublement à ce principe, et qui tendent seulement à en faciliter l'exécution. La perfection
des pouvoirs d'un gouvernement et l'union des
règles de la Charte existent lorsque cette Charte
a donné assez de force aux pouvoirs pour qu'ils
puissent mutuellement exiger l'exécution de la loi
morale constitutive ; et ce qui détermine absolument cette perfection, c'est l'action de l'opinion
publique toujours prête à seconder ce qui a rapport
à la raison, à l'équité, et à faire triompher l'ordre
et la paix. Cette loi est enfin écrite dans le cœur de
tous les hommes depuis que l'association humaine
existe, et les vices et les passions ne peuvent la détruire, parce qu'elle tient à l'essence de la société.

Le principe moral des constitutions ne peut
être enfin méconnu ou inactif sans que le Gou-

vernement ne reste sans boussole et sans existence réelle, sans qu'une lutte perpétuelle ne s'établisse entre ses membres, et que leurs efforts pour l'utilité de l'Etat ne soient nuls. L'union des corps constitués et leur action mutuelle étant déterminées et réglées par lui, on pourrait les comparer à celles du soleil dans le système planétaire. Les mondes placés dans son tourbillon doivent se mouvoir par son influence et recevoir tous leurs mouvemens de ce centre d'unité. Otez cet agent, les mondes, sans régulateurs, sortiront de leurs orbites, s'entre-choqueront, et enfin l'harmonie de l'univers étant détruite, son anéantissement en sera évidemment la conséquence.

Si l'on cherche à présent les causes de la fausse interprétation de notre Charte et de la nullité de son influence, on les trouve dans l'oubli de ce principe, première base, je dois le répéter, de la constitution, de ce grand intérêt moral qui servit de type et de règle à tous les peuples, et dans l'erreur des publicistes du dix-huitième siècle, qui ont créé celle de l'Europe et l'ont perpétuée jusqu'à ces derniers temps, erreur qui leur fit dépendre le sort des Etats de l'organisation purement matérielle ou artificielle des gouvernemens; ce qui renverse toute raison et toute politique, et laisse la société sans égide et les gouvernemens sans frein; ce qui donne enfin carrière à toutes les ambitions et à toutes les passions, d'où sont toujours nés la perte des États et le malheur des peuples.

Ce qui contribue encore en ces momens à la nullité de notre Charte, c'est la non existence des lois organiques qui sont indispensables pour son exécution, et la difficulté qu'on présume pour les établir. Mais les lois organiques n'ont pour but que de donner l'extension nécessaire aux pouvoirs pour l'exécution des lois particulières et des ordonnances du prince, et ne sont que des objets accessoires, qui doivent être coordonnés aux parties fondamentales qui constituent essentiellement la Charte. — Ces lois organiques ne peuvent donc entraîner aucun obstacle ni aucune difficulté dans leur création; et avant même qu'elles existent, les modifications nécessaires peuvent être faites. A quoi serviraient les talens des juges et des autres magistrats et l'étude de la jurisprudence, si elle ne les mettait à même de distinguer le véritable esprit des lois fondamentales, d'en faire l'application, et de mettre les lois particulières en accord avec elles ?

Les principes et les raisons que je viens d'établir, et qui seront développés plus tard dans un écrit qui traitera d'une manière très-étendue de ce grand système, ces principes ont pour appui l'expérience des constitutions de tous les grands peuples, l'opinion de tous les publicistes anciens et modernes, tirée du fond de leurs systèmes, et elles étayent puissamment ce qu'a dit l'auteur anglais.

FIN.

De l'Imprimerie de FEUGUERAY, rue du Cloître St.-Benoît, n° 4.

9 782014 044492